AF248250

LA QUESTION

DES

CHEMINS DE FER

ET

M. LÉON SAY

PAR

J. LESGUILLIER

DÉPUTÉ DE L'AISNE

ANCIEN SOUS-SECRÉTAIRE D'ÉTAT DES TRAVAUX PUBLICS

SOMMAIRE :

CHATEAU-THIERRY

IMPRIMERIE DE LA SOCIÉTÉ ANONYME

L'ÉCHO RÉPUBLICAIN DE L'AISNE

1882

LA QUESTION

DES

CHEMINS DE FER

ET

M. LÉON SAY

PAR

J. LESGUILLIER

DÉPUTÉ DE L'AISNE

ANCIEN SOUS-SECRÉTAIRE D'ÉTAT DES TRAVAUX PUBLICS

CHATEAU-THIERRY

IMPRIMERIE DE LA SOCIÉTÉ ANONYME

L'ÉCHO RÉPUBLICAIN DE L'AISNE

—

1882

LA
QUESTION DES CHEMINS DE FER

ET

M. LÉON SAY

I. — Les digressions financières de M. Léon Say

M. Léon Say vient de publier, dans le *Journal des Économistes,* un article qui n'est au fond qu'un long plaidoyer en faveur des grandes Compagnies.

L'article est, il est vrai, entremêlé de digressions sur la baisse de la Bourse et l'énorme déperdition de richesse qui en serait résultée, sur l'augmentation incessante du chiffre des budgets, sur les inconvénients du scrutin d'arrondissement et les abus déplorables qu'il entraîne dans l'administration des finances, sur la nécessité d'en revenir à une politique commerciale plus libérale, sur le luxe inutile des maisons d'école, sur la dette flottante, la conversion, etc.

Dans presque toutes ces questions, je suis absolument d'accord avec M. Léon Say, puisque j'appartiens comme lui au groupe des économistes ; je me bornerai donc à quelques observations sommaires.

La baisse de la Bourse à laquelle nous assistons depuis la chûte de l'*Union générale,* n'a amoindri en rien la richesse publique. Les titres qui s'y négocient, et qui représentent des capitaux de toute nature, des chemins de fer, des usines, des rentes d'Etat, etc., n'ont pas perdu un sou de leur valeur, puisqu'ils donnent les mêmes revenus que précédemment. Le taux de capitalisation, qui avait peut-être été trop abaissé par la spéculation, a augmenté : voilà tout. Il ne se produit de crises financières réelles que lorsque les capitaux ont été imprudemment engagés dans des entreprises improductives ; or, ce n'est pas le cas.

Au sujet de l'augmentation incessante des dépenses publiques et des périls qui peuvent en résulter, je partage absolument les idées de M. Léon Say. Mais je lui reproche de n'avoir pas usé de la légitime influence qu'il exerce depuis dix ans pour nous arrêter sur la pente fâcheuse où nous glissons, je lui reproche d'avoir attaché son nom au budget de 1883, le plus gros budget connu.

Ce n'est pas moi qui protesterai contre les réclamations de M. Léon Say au sujet de l'immixtion des députés dans l'administration de nos finances, immixtion qui est la conséquence inévitable du scrutin de clocher dont je suis l'adversaire acharné.

Je suis aussi d'accord avec M. Léon Say sur la politique commerciale de la France. Mais pourquoi a-t-il fait partie d'un Cabinet protectionniste ? Pourquoi a-t-il laissé rompre les négociations avec l'Angleterre ?

Deux points sur lesquels je suis en désaccord avec M. Léon Say, ce sont la dette flottante et la conversion.

Contrairement à l'avis de la commission du budget et de la grande majorité de la Chambre, je crois que la consolidation de 1,200 millions de la dette flottante au moyen d'une émission de titres que la caisse des dépôts et consignations conservera dans ses cartons, est une consolidation purement fictive et qui n'atténue en rien les dangers de l'élévation excessive du chiffre de la dette flottante. On aura seulement substitué à la dette flottante du Trésor la dette flottante de la Caisse des dépôts et consignations, ce qui, au fond, est identiquement la même chose. Advienne une crise, le montant des sommes immédiatement exigibles par les déposants des Caisses d'égargne et les autres créanciers de la dette flottante n'aura pas diminué d'un centime ; on aura, pour faire face aux demandes de remboursement, les 1,200 millions de titres de la Caisse des dépôts et consignations, mais, en raison même de la crise, ces titres ne seront pas négociables. Je ne puis donc considérer cette opération que comme une simple fiction.

Quant à la conversion, je regrette qu'on ne l'ait pas faite, et j'espère qu'on la fera bientôt. C'est un mauvais moyen d'équilibrer nos budgets que de perdre bénévolement les 60 millions d'économie annuelle qu'elle nous donnerait.

Je ne veux pas insister davantage sur ces digressions dans lesquelles M. Léon Say a eu le talent de noyer son plaidoyer en faveur des grandes Compagnies, et j'en viens à sa proposition de consolider et d'étendre le monopole des grandes Compagnies en leur confiant l'exécution et l'exploitation du troisième réseau.

La question a une importance énorme au point de vue politique et au point de vue financier. La République a promis aux populations de grands travaux publics ; tiendra-t-elle ses promesses ? Pour se charger du troisième réseau, les Compagnies demandent un bénéfice de 6 milliards en capital, de 300 millions de rente ; accepterons-nous des conditions aussi léonines ?

En présence d'intérêts aussi considérables, je suis obligé d'entrer dans quelques développements.

II. — Le plan Freycinet

Les organes des grandes Compagnies m'attribuent l'honneur d'avoir le premier *magistralement* attaqué le *funeste* plan Freycinet. Ce sont les expressions du *Journal des transports*, dont les attaches sont connues et qui, précédemment, m'avait fait une guerre assez vive.

M. Léon Say est lui-même bien près d'être de mon avis. Voici ce qu'il dit du plan Freycinet :

« Nous disions, il y a un an, que le budget du plan des travaux extraordinaires allait toujours en croissant ; que de 4 milliards on était arrivé à 6 milliards et que le public se demandait si on n'atteindrait pas les 7 milliards.

« Pendant le cours de l'année, on a fait des comptes, et on s'est aperçu que ce n'était pas de 7 milliards qu'il s'agissait, mais bien de 8 milliards.

« On a préparé un travail dans lequel on a relevé tout ce que les études définitives ont ajouté aux prévisions primitives de M. de Freycinet. On y verra que les 8 milliards ne sont qu'un minimum. Il est affreux de penser qu'on va rester en présence d'une suite d'échéances dont le total est aussi formidable, sans prendre de parti et sans rien proposer pour y faire face. »

M. Léon Say indique un moyen de réduire la dépense. Il voudrait, pour un certain nombre de lignes, substituer la voie étroite à la voie ordinaire.

« On pourrait, dit-il, trouver 3,000 kilomètres du réseau classé à construire sur ce modèle, surtout dans les pays de montagnes. Si on en évalue la dépense à 80,000 francs le kilomètre, au lieu de 240,000 francs, on pourrait économiser de quatre à cinq cents millions de francs. »

Il y a plus de deux ans que je ne cesse de répéter tout cela, et, le 10 mai 1881, je résumais comme il suit mes idées sur ce sujet dans un discours qui a été reproduit par les journaux :

« Sur les 17,000 kilomètres de Chemins de fer que comprend le classement de M. de Freycinet, 7,000 s'exécuteront assez facilement dans les conditions ordinaires. Mais 10,000 kilomètres, à établir en pays de montagnes, coûteront au moins de 300 à 400 mille francs par kilomètre et les recettes seront certainement très loin de couvrir les frais d'exploitation.

« C'est donc, pour ces derniers 10,000 kilomètres, un sacrifice de 4 milliards à demander au pays. Je ne crois pas impossible d'obtenir de la France un pareil effort, mais il est bien certain que les nécessités budgétaires amèneront l'ajournement pour ainsi dire indéfini de lignes que les populations attendent avec impatience. De là la crainte de voir naître, dans certains départements, une véritable désaffection à l'égard de la République.

« Eh bien! Messieurs, cette difficulté très grave peut être résolue par une simple modification du plan de M. de Freycinet, par la substitution de la voie étroite à la voie ordinaire dans les pays de montagnes.

« Au lieu de 4 milliards, on dépenserait en subventions 500 millions au plus pour 10,000 kilomètres, et si on voulait porter le sacrifice à 2 milliards, soit la moitié des prévisions actuelles, on augmenterait le développement du réseau de 30,000 kilomètres.

« Cette extension, Messieurs, est indispensable, si nous voulons, comme nous en avons la prétention, marcher à la tête de la civilisation. Aujourd'hui, c'est triste à dire, toutes proportions gardées, nous n'occupons que le sixième rang dans l'industrie des Chemins de fer. »

Comme on le voit, j'avais devancé de loin M. Léon Say dans la voie où il entre timidement aujourd'hui. Ce n'est pas 500 millions, c'est quatre milliards qu'on pouvait économiser, il y a deux ans.

Mais, aujourd'hui, il est trop tard ; les projets définitifs ont été dressés, les enquêtes ont été faites, les promesses aux populations ont pris un caractère de plus en plus précis. D'ailleurs le maintien du scrutin d'arrondissement a rendu toute réforme du plan Freycinet absolument impossible ; aucun député n'oserait se représenter devant ses électeurs, s'il acceptait la transformation de la voie ordinaire en voie étroite. Même dans les limites restreintes qu'indique M. Léon Say, la réduction des dépenses du plan Freycinet n'est plus possible.

M. Léon Say n'a pas toujours eu une aussi mauvaise opinion du plan Freycinet, et, à la dernière session, il nous a raconté, en termes presque émouvants, l'histoire de son élaboration. Trois *complices* s'étaient réunis dans la nuit, MM. de Freycinet, Léon Say et Gambetta.

M. Gambetta n'avait à voir que le côté politique. Il pensait, et tous les républicains pensent encore avec lui, qu'il y avait un intérêt capital à imprimer aux travaux publics la plus vive impulsion, à compléter, dans les plus larges proportions, l'outillage industriel de la France, et à accélérer ainsi son relèvement. Entouré d'un ingénieur et d'un financier que tout le monde considérait alors comme des agents d'exécution de premier ordre, il devait naturellement s'en rapporter à eux pour les détails.

Mais, si M. de Freycinet s'est trompé en créant à grands frais un troisième réseau inexploitable, M. Léon Say, mêlé depuis plus de trente ans aux plus grandes affaires indus-

triclles et financières, ne devait-il pas reconnaître les vices d'un système que tous les hommes pratiques considéraient dès lors comme absolument défectueux ? N'était-il pas évident qu'avant d'exécuter les lignes, il fallait arrêter le mode d'exploitation ?

M. Léon Say a manqué à son devoir de ministre des finances en n'opposant pas dès l'origine un *veto* absolu.

Si je suis d'accord avec M. Léon Say et avec les grandes Compagnies sur les défectuosités du plan Freycinet, je suis en désaccord complet sur le remède à y apporter.

Ce serait, au point de vue républicain, une faute capitale de ne pas tenir largement les promesses qui ont été faites aux populations. Loin de vouloir, avec M. Léon Say et avec les grandes Compagnies, rétrécir le plan Freycinet, je suis d'avis qu'il faut, au contraire, l'élargir en complétant le troisième réseau, qui, dans les conditions actuelles, est, pour ainsi dire, inexploitable, de manière à permettre de l'exploiter avantageusement et à le rendre ainsi productif.

Le troisième réseau, dont le développement est d'environ 17,000 kilomètres, a été constitué sous l'influence du ministère des travaux publics absolument dévoué aux grandes Compagnies. En classant les lignes qui le composent, on a eu soin d'en faire des affluents des réseaux des grandes Compagnies, de telle sorte qu'éparpillés dans tous les coins de la France, sans liaison entre elles, appauvries par les détournements de trafic qu'opèrent les grandes Compagnies, ces lignes sont condamnées à rester improductives, et c'est à peine si les recettes couvriront les frais d'exploitation.

Sur les 8 milliards de dépenses du plan Freycinet, 6 milliards sont afférents au troisième réseau. L'intérêt de cette somme de 6 milliards, qui, comme l'a dit M. Léon Say, n'est qu'un minimum, pésera sur nos budgets. Si on maintient le troisième réseau tel qu'il a été conçu, c'est donc une augmentation annuelle de 300 millions qu'il faudra graduellement prévoir.

Heureusement nous trouvons dans la constitution actuelle des réseaux des grandes Compagnies un remède à cette situation.

Les grandes artères, sur un développement de 3,000 kilomètres, sont encombrées et ne peuvent plus sans danger répondre aux besoins du trafic. Certaines sections des réseaux de Lyon, du Nord et d'Orléans, donnent des recettes kilométriques de 150,000 à 300,000 fr.; or, en Angleterre, on double les lignes dès que la recette atteint 70,000 francs.

Il faut donc compléter notre réseau par la construction de 3,000 kilomètres de grandes lignes parallèles aux artères principales de l'ancien réseau. Les grandes Compagnies le reconnaissent, et déjà la Compagnie de Lyon est en instances pour obtenir le doublement de ses sections les plus chargées.

Je laisse de côté pour y revenir tout à l'heure la question de savoir si ces 3,000 kilomètres de nouvelles artères, comme les 17,000 kilomètres déjà classés du troisième réseau, doivent être concédés aux grandes Compagnies.

Quoi qu'il en soit, que l'État concède aux Compagnies actuelles les 3,000 kilomètres nouveaux, qu'il les exploite lui même, ou qu'il les concède à des nouvelles Compagnies, comme il en a incontestablement le droit, aux termes des cahiers des charges, il n'en est pas moins établi que ces 3,000 kilomètres nouveaux doivent être ajoutés au troisième réseau.

Quelle sera l'augmentation de dépense qu'entraînera l'extension du troisième réseau?

Suivant moi, les grandes artères nouvelles doivent être établies dans des conditions qui leur assurent une incontestable supériorité sur les lignes actuelles.

Si on juge de nos chemins de fer par les réclames que les Compagnies font insérer dans les journaux, par les avalanches de brochures dont elles nous inondent, nous occupons sans contredit le premier rang dans cette industrie.

Mais il faut en rabattre beaucoup lorsqu'on examine comparativement les réseaux étrangers.

Ainsi, grâce à la solidité de leurs voies, à l'excellence de leur matériel, les Anglais marchent à des vitesses de 25 % plus fortes que nous.

Grâce aux facilités qu'offrent les chemins anglais et belges, l'activité des transports, en voyageurs et en marchandises, est quadruple, toutes choses égales d'ailleurs, dans ces deux pays, de ce qu'elle est chez nous.

Un fait m'a frappé, à propos de notre infériorité, et me revient constamment à l'esprit. Je me trouvais l'hiver passé chez le Directeur d'une de nos grandes Compagnies, au milieu d'ingénieurs et d'actionnaires de ces Compagnies. Un fonctionnaire supérieur d'une grande Compagnie étrangère, dont les lignes ont été construites au moyen de capitaux français et qui est encore administrée par des représentants de la haute-banque française, nous faisait part de l'impression pénible qu'il avait ressentie en rentrant en France et en passant brusquement du réseau étranger sur le réseau français. Ses réflexions m'ont d'au-

tant plus vivement impressionné qu'elles émanaient d'un partisan déclaré des grandes Compagnies, et que, dans un milieu absolument favorable à ces Compagnies, elles n'ont donné lieu à aucune protestation.

M. Cézanne, dès 1871, dans un rapport à l'Assemblée nationale, prévoyait l'établissement prochain, entre Calais et Marseille, *d'une ligne magistrale qui, dépassant en confort et en perfection tout ce qui aura été fait jusque-là, permettra de réaliser des vitesses de 100 à 120 kilomètres à l'heure et mettra Marseille à huit heures de Paris.*

C'est dans les conditions prévues par M. Cézanne et rendues plus nécessaires encore aujourd'hui par la percée du Saint-Gothard, que les nouvelles artères devront être établies. La dépense ne pourra ainsi être de moins de 700,000 francs par kilomètre, soit, pour 3,000 kilomètres, 2 milliards.

Au lieu de 17,000 kilomètres coûtant 6 milliards, le troisième réseau comprendra donc 20,000 kilomètres coûtant 8 milliards. Mais, au lieu de rester improductif, il donnera des produits très rémunérateurs.

Offrant, en effet, des conditions de supériorité incontestables, reliant les principaux centres de population par des lignes plus courtes, attirant à elles le trafic des autres lignes du troisième réseau qui s'y souderaient, les grandes artères nouvelles assureraient au troisième réseau la totalité des plus-values de produits de l'ensemble du réseau général.

En dix-huit ans, délai probable de l'achèvement du troisième réseau, ces plus-values atteindraient au moins 500 millions. Dans les sept dernières années, la progression annuelle du produit net a, en effet, été de 4 % par an ; cette progression ne peut que s'accentuer par suite de l'ouverture des lignes nouvelles ; en supposant qu'elle n'augmente pas, le produit net total de l'ensemble du réseau, qui est aujourd'hui de plus de 500 millions, aura doublé et atteindra un milliard.

Les intérêts des actionnaires des Compagnies actuelles ne seraient d'ailleurs pas sacrifiés. Il ne s'agit nullement d'idées de spoliation, dont on m'a accusé à tort. Je reviendrai plus loin sur ce point.

III. — Le Réseau d'intérêt local. — Les Chemins à voie étroite

J'ai parlé de l'infériorité de nos Chemins quant aux conditions techniques. Au point de vue de l'étendue comparative des réseaux, notre infériorité est également incontestable.

Quel est le développement que doit atteindre le réseau de Chemins de fer d'un État, eu égard à son étendue, à sa population et à son industrie ? C'est une question fort complexe, et, pour y répondre mathématiquement, il faudrait tenir compte de données qu'il n'est pas possible de traduire en chiffres.

Mais, si on admet que les besoins de locomotion sont les mêmes pour les peuples ayant atteint le même degré de civilisation, et que la densité de la population varie comme l'activité industrielle, on est amené à prendre pour termes de comparaison des chiffres représentant des moyennes proportionnelles entre la superficie et la population.

D'après cette base, les coefficients correspondant au degré d'avancement des diverses nations, en 1878, étaient les suivants :

Belgique	33
Grande Bretagne	28
Suisse	25
Etats-Unis	24
Allemagne	21
France	17

Remarquons en passant qu'en raison des facilités que lui procurent ses communications maritimes et fluviales, la Grande-Bretagne n'a besoin que d'un réseau de Chemins de fer relativement moins étendu.

Pour atteindre au même degré que la Belgique, il aurait fallu que la France eût un réseau double ; en d'autres termes, le réseau actuellement classé aurait dû être terminé en 1878.

Lorsque nous aurons terminé notre réseau, arriverons-nous au premier rang dans l'industrie des transports ? Nullement ; car, si nous progressons, les autres nations progressent aussi vite que nous, et c'est à peine si l'exécution du réseau Freycinet nous maintiendra au sixième rang.

De 1870 à 1878, la progression annuelle de l'étendue des réseaux exploités a été :

Belgique	4 %
Grande-Bretagne	1.5 —
Suisse	9 —
Etats-Unis	7 —
Allemagne	9 —
France	6 —

Dans les dix années précédentes, elle avait été :

Belgique	9 %
Grande-Bretagne	6 —
Suisse	6 —
Etats-Unis	8 —
Allemagne	8.5 —
France	11 —

Comme on le voit, la progression a augmenté en Allemagne et en Suisse. Si elle s'est un peu ralentie dans les autres pays, cela tient à des circonstances accidentelles. Aux Etats-Unis, par exemple, elle a atteint 20 % l'année dernière.

Si nous voulons nous placer à la tête du mouvement et marcher de pair avec la Belgique, en admettant même que le réseau belge ne progresse que de 4 % par an, il nous faudra, en dehors du troisième réseau, un réseau complémentaire de 40,000 kilomètres.

Avec quatre-vingt de mes collègues, j'ai proposé d'exécuter ce réseau complémentaire à voie étroite. L'exposé de motifs dont je cite ci-après les principaux passages montre que, dans ces conditions, il n'en résulterait aucune charge pour le Trésor :

« Dans le système ordinaire, ce résultat ne pourrait être obtenu sans compromettre l'équilibre de nos budgets ; on ne peut pas en effet évaluer à moins de 10 milliards en capital, soit 400 millions d'intérêts annuels, l'importance des charges qui en résulteraient pour nos finances publiques.

« Il n'en est pas de même si, à la voie large, indispensable pour satisfaire aux exigences d'un grand trafic, on substitue une voie étroite plus en rapport avec le trafic restreint des lignes dont il s'agit, et qui, en pénétrant mieux au cœur des centres de population, offre plus d'avantages au point de vue des intérêts locaux.

« Prenons comme exemple un chemin dont le produit brut annuel soit de 5,000 francs par kilomètre.

« Avec une largeur de voie de 1 mètre, des courbes dont le rayon descend à 100 mètres, et même exceptionnellement à 50 mètres, des pentes atteignant de 0,02 à 0,03, la dépense peut être réduite à 55,000 francs en moyenne par kilomètre, non compris les terrains, que nous supposons à la charge des départements.

« Les frais d'exploitation seraient de 3,650 fr. (2,400 francs plus 1/4 de la recette).

« Le produit net kilométrique ressortirait ainsi à 1,350 francs.

« Pour assurer au capital engagé 5 °/₀ de revenu, amortissement compris, il faut 2,750 fr.; l'insuffisance serait donc de 1,400 francs.

« Mais cette insuffisance serait couverte par les profits directs que les chemins de fer donnent à l'Etat, et qui atteignent 25 °/₀ des recettes brutes.

« Le développement de la richesse publique résultant de l'extension du réseau ferré, provoquerait d'ailleurs une augmentation du produit des autres impôts. Il faut encore ajouter qu'en apportant leur trafic aux grandes lignes, les chemins à voie étroite réduiraient les charges que ces grandes lignes font peser sur le budget de l'Etat.

« Il est donc juste de dire que, dans les conditions que nous prévoyons, et pourvu qu'on n'entreprenne que des lignes d'une utilité incontestable, le réseau dont nous nous occupons ne coûterait rien à l'Etat.

« Nous avons dit que l'exécution du réseau de chemin à voie étroite n'imposerait aucune charge à l'Etat. Pour avoir toute sécurité à cet égard, on diviserait le réseau en trois parties qu'on n'entreprendrait que successivement, et lorsque, sur les sections ouvertes, le revenu atteindrait un chiffre déterminé, 4,000 francs par exemple par kilomètre. Les départements qui voudraient hâter l'exécution de certaines lignes, s'engageraient à payer à l'Etat, pour ces lignes, la différence entre le produit kilométrique réel et le chiffre de 4,000 francs. »

J'espère que ce projet sera accepté par le Parlement. Je ne me dissimule pas cependant qu'il aura pour adversaires les députés auxquels pour des lignes sans importance, M. de Freycinet a accordé la grande voie, et qui craignent de voir appliquer le nouveau système à ces lignes.

Si on s'en tient, pour les chemins d'intérêt local, au système de la loi actuelle, nous craignons qu'on trouve là encore des charges sérieuses pour le Trésor.

Certains Conseils généraux, plus royalistes que le roi, voulant éviter aux grandes Compagnies une concurrence qu'elles ne peuvent pas redouter et qu'elles ne redoutent pas, ont en effet, classé des réseaux d'intérêt local composés de tronçons isolés et dont l'exploitation ne peut qu'être très onéreuse. C'est ainsi que le réseau de l'Aisne comprend treize lignes isolées d'une longueur moyenne de 20 kilomètres environ ; ce réseau, dont les produits nets devraient couvrir l'intérêt du capital engagé, s'il était bien constitué, coûtera par an au Département et à l'Etat 500,000 francs environ, par suite de son morcellement.

Si, aux intérêts de clocher des députés d'arrondissement, on ajoute les intérêts de clocher des conseillers généraux, on risque fort d'engager inconsidérément les finances publiques.

Je suis partisan de la décentralisation, pourvu que la décentralisation ne conduise pas au gâchis financier, comme cela paraît être le cas ici.

Les chemins à voie étroite seraient concédés à des Compagnies par groupes d'un millier de kilomètres.

<hr>

IV. — Les Tarifs

Lorsqu'il parle des tarifs du réseau de l'État, M. Léon Say se fâche, et il en arrive aux gros mots :

« On s'est épris de l'égalité des tarifs, s'écrie-t-il. La conséquence de cette *conception absurde* serait de compter le transport au prix de revient moyen. »

Et plus loin :

« Il est inouï qu'on comprenne pas qu'il y a des sous-produits dans l'industrie des chemins de fer comme dans toutes les autres.

. . . .

« Il est donc parfaitement inutile d'avoir un champ d'expériences pour appliquer de *pareilles utopies.* »

Lorsqu'un homme ordinairement aussi calme et aussi aimable que M. Léon Say prend un ton agressif, c'est qu'il a évidemment tort.

En fait, les tarifs que j'ai fait adopter pour le réseau de l'État ne sont pas aussi *absurdes* que M. Léon Say veut bien le dire, puisqu'ils ont reçu l'approbation de plusieurs Chambres de Commerce, et entr'autres de la Chambre de Commerce de Paris.

Les grandes Compagnies partagent si peu l'opinion de M. Léon Say sur notre système de tarification, que, dans les conférences que j'ai eues avec le Directeur de la Compagnie de Lyon, pendant mon court passage au sous-secrétariat des travaux publics, celui-ci en a hautement revendiqué la priorité.

Dans le système de tarifs du réseau de l'État, il ne s'agit d'ailleurs nullement de moyennes et toute l'argumentation de M. Léon Say prouve clairement qu'il n'a même pas pris connaissance de ces tarifs. Je suis donc obligé d'en dire quelques mots.

Comme les Compagnies, l'État a divisé les marchandises en six séries. A chaque série correspond un barème dans lequel le prix par kilomètre diminue avec la distance. De la sorte, une même marchandise parcourant la même distance, sur un point quelconque du territoire, paye le même prix.

Les tarifs exceptionnels de gare à gare ont disparu par suite de la réduction générale. On en a seulement maintenu quelques-uns, qui étaient trop bas pour qu'on pût généraliser les réductions qu'ils comportent.

Les tarifs exceptionnels permettent de favoriser telle industrie, telle localité, au détriment d'autres industries, d'autres localités. C'est un droit que l'Etat n'oserait pas s'arroger s'il avait le monopole des transports, et qu'il n'a pas pu déléguer à des concessionnaires.

Les Compagnies en sont arrivées d'ailleurs, avec leur système de tarification, à une telle complication, que j'ai entendu le Directeur d'une grande Compagnie déclarer qu'il refusait de s'engager à expédier les marchandises par la voie la plus économique, par la bonne raison que le plus souvent ses agents ne savaient pas la reconnaître.

Un propriétaire que je connais, fait venir tous les ans plusieurs wagons de pommes d'une gare de l'Ouest à une gare de l'Est; il est chaque fois victime d'une erreur de 25 % dans les taxes. Ce n'est qu'après de longues négociations qu'il obtient une détaxe.

Les grandes Compagnies s'égarant au milieu de leurs savants tarifs, est-ce assez significatif ?

Les résultats de la réforme des tarifs sur le réseau de l'Etat se sont fait immédiatement sentir. Les avantages offerts au public ont amené aussitôt un développement considérable du trafic des voyageurs et des marchandises.

La réforme ayant eu lieu dans le courant de 1880, il faut comparer les résultats de 1879 où on a appliqué les anciens tarifs pendant toute l'année à ceux de 1881 où on n'a plus appliqué que les nouveaux.

En ce qui concerne les voyageurs, les prix ont été diminués en moyenne de 20 %. Or, la circulation en 1881 a été supérieure de près de 40 % à celle de 1879 ; aussi le produit kilométrique moyen a-t-il augmenté de 10 %, malgré l'abaissement des prix.

Le trafic des marchandises a suivi une progression plus rapide encore. La réduction moyenne des prix a été de 26.1 %. L'augmentation du trafic s'est élevée à plus de 50 %

En comparant les recettes totales de 1879 et de 1881, on voit qu'en 1879, le produit total moyen par kilomètre de ligne, déduction faite de l'impôt, était de 9,513 francs, tandis qu'il s'est élevé à 10.686 francs en 1881. L'augmentation du produit total par kilomètre de ligne a donc été de 12.3 % en faveur de 1881.

Il est intéressant de comparer les prix actuellement perçus sur le réseau des chemins de fer de l'Etat, avec ceux que perçoivent les six grandes Compagnies. Le tarif moyen perçu par voyageur et par kilomètre, sur le réseau de l'Etat, qui ne s'élève qu'à 0 fr. 0373, est de beaucoup inférieur aux tarifs perçus sur les réseaux des six grandes Compagnies, lesquels varient de 0 fr. 561 à 0 fr. 0482. Quant au tarif moyen perçu par tonne de marchandises et par kilomètre sur le réseau de l'Etat, qui ne s'élève qu'à 0 fr. 0587, il est inférieur aux tarifs perçus sur les réseaux du Midi, d'Orléans et de l'Ouest, lesquels varient de 0 fr. 0719 à 0 fr. 0627. S'il ne descend pas tout à fait aussi bas que sur les réseaux de l'Est, du Nord et de Lyon, où il varie de 0 fr. 568 à 0 fr. 0556, c'est parce que le plus gros trafic de ces trois réseaux consiste dans les transports de houille qui s'effectuent à des prix extrêmement bas. C'est ainsi que sur le réseau du Nord, les transports de houille représentent environ 50 % du tonnage total des marchandises et sont effectués au tarif moyen de 0 fr. 0357 par tonne et par kilomètre ; sur le réseau de Lyon, ils représentent près de 30 % du tonnage total et le tarif moyen y est de 0 fr. 0479 ; enfin, sur le réseau de l'Est, ils représentent 25 % du tonnage total et le tarif moyen y est de 0 fr. 0423, tandis que sur le réseau de l'Etat, le transport des houilles ne représente qu'environ 13 % du tonnage total des marchandises et s'effectue au tarif moyen de 0 fr. 0444 par tonne et par kilomètre.

Il faut remarquer encore que, sur le réseau de l'Etat, les parcours sont beaucoup moindres que sur les autres réseaux, et que, par suite, le prix kilométrique devrait y être plus élevé.

Les résultats des expériences faites sur le réseau de l'Etat ne sont donc pas aussi à dédaigner que le prétend M. Léon Say, et les avantages de la réforme des tarifs ont été si bien appréciés des populations que, lorsqu'il s'est agi de rétrocéder quelques lignes à la Compagnie d'Orléans, les Conseils municipaux des localités desservies ont été unanimes pour protester.

V. — Le régime des Chemins de fer

Pour le régime des chemins de fer, il existe deux systèmes logiques qui ont chacun leurs avantages et leurs inconvénients : le monopole de l'Etat, la liberté.

Le premier système a pour avantages l'uniformité dans le mode d'exploitation et dans les tarifs ; il a pour inconvénient l'extension excessive des attributions de l'Etat et l'esprit trop souvent routinier et rétrograde de l'administration.

La liberté est le levier par excellence du progrès. Mais la diversité des méthodes des tarifs, est une gène pour le public. La concurrence n'est d'ailleurs possible qu'accidentellement entre chemins de fer. En Angleterre et aux Etats-Unis, des arrangements interviennent nent toujours forcément entre les Compagnies rivales.

En France, nous avons un système bâtard qui n'a aucun des avantages des deux systèmes dont nous venons de parler, et qui, en revanche, en a tous les inconvénients. Les grandes Compagnies ont le même esprit routinier que notre administration ; elles n'ont pas pu s'entendre sur des règles uniformes d'exploitation et de tarification.

Le rachat serait une opération onéreuse autour de laquelle on a fait beaucoup trop de bruit et dont nous avons toujours été l'adversaire. Nous ne croyons donc pas qu'on doive toucher à l'organisation actuelle des grandes Compagnies.

Mais faut-il confier le troisième réseau à l'Etat, aux grandes Compagnies actuelles ou à des Compagnies nouvelles ? Telles sont les trois questions que nous avons à examiner successivement.

VI. — L'exploitation par l'État

Comme la question des tarifs, celle du réseau de l'Etat a le don d'exaspérer M. Léon Say. Là encore viennent les gros mots :

« L'exploitation par l'État est une des plus *colossales erreurs* qu'on ait pu commettre ; *l'échec est absolu, irrémédiable.* »

Ce qui est incontestable, c'est que l'expérience a réussi contre tout espoir, et c'est ce qui irrite si fort M. Léon Say et les partisans des grandes Compagnies.

Le réseau de l'Etat est formé de tronçons isolés répartis sur les trois quarts de la surface de la France et dont l'exploitation est par suite extrêmement difficile.

L'organisation de l'administration des Chemins de fer de l'Etat est extrêmement vicieuse. Les chefs de service, qui résident à Tours, loin du Directeur, n'ont aucune responsabilité sérieuse, aucun intérêt à exploiter économiquement.

Les divers ministères qui se sont succédé depuis 1878 ont toujours été plus ou moins hostiles à l'exploitation par l'Etat ; à certains moments, la lutte entre la direction et les bureaux du ministère a pris un caractère extrêmement aigu.

En ma qualité de Directeur des Chemins de fer de l'Etat, j'ai toujours eu à lutter par en haut et par en bas contre l'exagération des dépenses, et, lors de la préparation des budgets, je me trouvais dans cette singulière situation d'un fonctionnaire à qui on voulait accorder plus d'argent qu'il n'en demandait.

Au milieu de ces difficultés, si, quoiqu'en dise M. Léon Say, l'exploitation du réseau de l'Etat a donné d'excellents résultats, c'est grâce au concours énergique et à l'appui constant d'hommes éminents dont plusieurs, MM. Calmon, Lebaudy, Allain-Targé, Roy, ont, comme moi, renoncé à la tâche.

A conditions égales, l'Etat a exploité plus économiquement que les grandes Compagnies ; voilà ce qui ressort des documents officiels publiés par le Ministère des travaux publics.

Si on compare les lignes dont les recettes kilométriques ont varié de 20,000 à 26,000 fr. par kilomètre, on déduit des chiffres publiés par le bulletin mensuel de statistiques les coefficients d'exploitation (rapports de la dépense à la recette) ci-après :

ANNÉE 1879

Réseau de l'État...................... 48.03 %
Moyenne des grandes Compagnies.. 71.80 —

ANNÉE 1880

Réseau de l'État...................... 49.88 %
Moyenne des grandes Compagnies.. 69.12 —

Ainsi, pour des lignes ayant les mêmes recettes kilométriques, l'État a dépensé, en 1879, 48 %, et, en 1880, 39 % de moins que les Compagnies.

Le budget est grevé, s'écrie M Léon Say. En trois ans le déficit de l'opération a été de 40 millions de francs. Les contribuables ont fait les frais de cette expérience en sortant de leur poche 40 millions de francs.

Voilà encore de bien gros mots qui sont bien peu justifiés.

Je me demande d'abord si, de la part d'un homme qui connait aussi bien la matière, cette accusation est lancée avec une parfaite conviction. M. Léon Say n'ignore pas que les nouveaux réseaux des grandes Compagnies, avec des recettes kilométriques variant de 15,000 à 35,000 fr. donnent ensemble un déficit de 150 millions par an. Est-ce bien sérieusement qu'il se fâche, en constatant sur le réseau de l'Etat, dont la recette kilométrique ne dépasse guère 10,000 fr. une insuffisance annuelle de 10 millions.

Son déficit de 40 millions, M. Léon Say l'établit en tenant compte de l'intérêt du capital engagé. Mais que serait-il arrivé si, au lieu d'être exploitées par l'Etat, les lignes l'avaient été par les grandes Compagnies ? Comme cela résulte des chiffres que nous avons cités plus haut, les frais d'exploitation auraient augmenté de plus de 40 0⁄0, soit, en quatre ans, d'une vingtaine de millions.

Le déficit, si déficit il y a, au lieu d'être de 40 millions, aurait été de 60 millions.

En exploitant lui-même, l'Etat a donc gagné 20 millions : voilà la vérité absolue.

Et l'Etat a gagné ces 20 millions tout en simplifiant et en réduisant les tarifs dans des proportions énormes, en apportant à son matériel des améliorations considérables que les grandes Compagnies, à leur grand regret, ont été obligées d'imiter, en rembourrant, par exemple les banquettes de troisième classe, en améliorant dans de fortes proportions, la situation de son personnel inférieur.

Et il a gagné ces 20 millions malgré un ministère dont faisait partie M. Léon Say et qui nous *a accusés officiellement de chercher à exploiter trop économiquement* ; malgré un ministère qui, dans des lettres officielles dont je me suis plaint vainement, me faisait remarquer que je m'exposais au danger d'être traduit en police correctionnelle en cas d'accidents, si je supprimais des emplois inutiles.

Cependant, bien qu'au grand déplaisir de M. Léon Say et des partisans des grandes Compagnies, l'expérience ait réussi aussi complètement que possible, je ne suis point d'avis qu'il faille étendre indéfiniment le réseau de l'Etat parcequ'en principe je crois qu'en toutes choses on doit chercher à réduire au strict nécessaire les attributions de l'Etat.

Mais je voudrais qu'on maintint le réseau à titre de spécimen pour obliger les grandes Compagnies à apporter à leur exploitation les améliorations que le public est en droit d'exiger.

Je voudrais surtout qu'on le complétât de manière à poursuivre *loyalement* l'expérience qui s'est faite jusqu'ici dans des conditions d'infériorité trop manifestes dont les partisans des grandes Compagnies ont abusé pour égarer l'opinion publique.

VII. — Concession du troisième réseau aux grandes Compagnies actuelles

Il y a un an encore, je croyais qu'il était possible de traiter avec les grandes Compagnies pour la construction et l'exploitation du troisième réseau, et sous le ministère Gambetta, nous étions entrés en négociations avec elles.

Les grandes Compagnies étant très impopulaires dans le Parlement, malgré ou peut-être à cause des brochures et des réclames dont elles nous ont inondés, nous avions d'abord jugé nécessaire d'obtenir des réductions de tarifs considérables à la faveur desquelles nous espérions faire accepter les traités que nous préparions.

Voici les bases de ces réductions de tarifs :

Voyageurs, réduction de 50 0/0 sur les tarifs légaux, soit une réduction de 35 0/0 sur les tarifs actuels qui sont déjà de 23 0,0 au-dessous des tarifs légaux ;

Messageries, réduction de 50 0/0 sur les prix actuels ;

Petite vitesse, tarifs généraux et spéciaux à base kilométrique décroissante avec réduction de 10 0,0 sur les prix actuels.

Les Compagnies auraient pris à leur charge les lignes du troisième réseau que l'Etat n'aurait pas voulu construire et exploiter lui-même.

En compensation de ces avantages offerts au public et des charges afférentes au troisième réseau, l'Etat aurait garanti aux Compagnies leurs dividendes actuels.

Au-delà de ces dividendes actuels, l'excédant aurait été partagé entre l'Etat et les Compagnies dans une proportion à déterminer. Nous demandions la proportion d'un cinquième pour les Compagnies et de quatre cinquièmes pour l'Etat.

D'après les chiffres que j'ai donnés plus haut sur les plus-value des recettes et d'après les résultats de l'abaissement des tarifs sur le réseau de l'Etat, tout en assurant aux Compagnies le maintien de leur magnifique situation actuelle avec de grandes chances d'amélioration pour l'avenir, les arrangements projetés permettaient à l'Etat de terminer le troisième réseau sans s'imposer de sacrifices.

Notre solution était donc avantageuse pour tout le monde. Beaucoup de nos amis politiques espèrent qu'on pourra y revenir. Je me sépare d'eux, et j'ai pour cela deux raisons capitales.

D'abord il est bien à peu près avéré que pendant que nous négociions tranquillement avec elles, les Compagnies participaient de leurs deniers à la guerre acharnée qu'une partie de la presse nous déclarait. J'en conclus qu'elles voulaient simplement gagner du temps, et j'en arrive à considérer comme moins dénuées de fondement les accusations de ceux qui prétendent que les Compagnies n'ont pas d'autre objectif que de faire traîner les choses en longueur jusqu'à la chute de la République dont elles espèrent avoir raison, bien à tort heureusement. Elles se rappellent les beaux jours de 1852, les concessions magnifiques obtenues au détriment de la fortune publique, en échange de quelques millions habilement dépensés pour payer les frais du coup d'Etat. Elles espèrent qu'une Restauration leur vaudrait, à bon marché, de nouvelles aubaines.

D'un autre côté, comment espérer que les Compagnies acceptent des arrangements qui ne leur donneraient que des bénéfices modestes, après la convention que M. Varroy, sous l'inspiration de M. Léon Say, avait passée avec la Compagnie d'Orléans et qui constituait en faveur de cette Compagnie un véritable cadeau d'*un milliard*.

Si on m'accuse d'exagération, j'invoquerai le témoignage de M. Varroy et celui de M. Rousseau, sous-secrétaire d'Etat, qui l'accompagnait lorsqu'il est venu nous présenter des explications à la commission des Chemins de fer. D'après mes calculs, le dividende des actions de la Compagnie d'Orléans, qui est aujourd'hui de 56 francs, devait, avec la convention proposée, s'élever graduellement, en 18 ans, à 150 francs. M. Varroy et ses collaborateurs nous ont donné le chiffre de 120 francs au lieu de celui de 150 francs.

D'après les supputations des auteurs de la convention, le cadeau que j'évaluais à un milliard aurait été seulement de sept cents ou de huit cents millions. Après de tels aveux, il était inutile d'insister, et comme je suis bien certain que le Parlement ne veut pas plus donner à la Compagnie d'Orléans 800 millions qu'un milliard, je réduirai, si M. Léon Say le veut, mon évaluation à ce chiffre, qui est bien suffisant pour éclairer ceux qui ne veulent pas fermer les yeux.

En résumé, je crois que les Compagnies n'ont jamais négocié avec le désir d'aboutir ; elles ont d'ailleurs été gâtées par les conditions exorbitamment avantageuses de la convention Varroy, et il ne reste nul espoir de les faire revenir à des prétentions raisonnables.

VIII. — Compagnies nouvelles

Si on veut limiter le réseau de l'Etat à 3,000 ou 4,000 kilomètres au plus, si on refuse d'étendre le monopole des grandes Compagnies, on est forcément amené à recourir à des Compagnies nouvelles pour la construction et l'exploitation du troisième réseau.

En déduisant les 3,000 ou 4,000 kilomètres du réseau de l'Etat, et une longueur à peu près égale de lignes qu'on pourrait confier aux Compagnies de l'Est et de l'Ouest, Compagnies pour lesquelles je fais une exception, parce que l'Etat a intérêt à les fortifier, il resterait environ 10,000 kilomètres du troisième réseau qu'on partagerait entre trois ou quatre Compagnies nouvelles.

Il faut que les nouvelles Compagnies soient assez fortes pour pouvoir résister aux grandes Compagnies actuelles ; c'est pourquoi je repousse le système des petites Compagnies.

Je repousse également le système des Compagnies fermières. Dans ce système, il est difficile d'assurer le bon entretien des voies et du matériel, de trouver un mode de comptabilité qui mette l'Etat à l'abri des abus. Quand on a recours à l'industrie privée, il vaut mieux éviter d'amoindrir sa responsabilité, il vaut mieux lui assurer les conditions d'avenir nécessaires à son bon fonctionnement.

Éclairée par l'expérience, l'administration peut établir les cahiers de charges des nouvelles Compagnies de manière à éviter tous les inconvénients des concessions actuelles.

On garantirait aux Compagnies l'intérêt du capital engagé, au taux de 5 0/0 par exemple.

Si ce revenu était dépassé, de l'excédent on ferait deux parts ; l'une appartiendrait à la Compagnie, l'autre serait consacrée par l'État, soit à des réductions de tarifs, soit à des dégrèvements d'impôts.

J'ai montré qu'avec les grandes artères nouvelles dont il serait doté, le troisième réseau donnerait un revenu net d'au moins 500 millions pour un capital à engager d'environ huit milliards.

Dans le système que j'indique, le troisième réseau ne grèverait donc en rien le budget.

Quelle serait la situation des grandes Compagnies ?

Avec le réseau tel qu'il est constitué, l'État est à leur merci. Les rôles seraient renversés.

Mais trop d'intérêts sont attachés à l'industrie des chemins de fer pour qu'on puisse craindre que l'État abuse de sa situation.

Nous voulons qu'on assure aux Compagnies actuelles, non seulement le maintien de leurs situations acquises ; mais encore des accroissements équitables de revenus.

En matière de chemin de fer, la concurrence n'est pas possible. Il est donc certain que, maître de la répartition du trafic, après avoir repris le rôle prépondérant qui lui appartient, l'État traiterait facilement avec les Compagnies actuelles sur des bases analogues à celles applicables aux Compagnies nouvelles.

On arriverait même à des échanges de lignes qui permettraient d'éviter les inconvénients de l'enchevêtrement des réseaux.

IX. — Conclusion

La France est ruinée. Pour la sauver, il faut consolider et étendre le monopole des grandes Compagnies, en leur vendant le réseau de l'État et tout le réseau Freycinet.

Voilà, en deux mots l'argumentation de Léon Say.

La France est ruinée ! mais, si c'était vrai, vous seriez un grand coupable, vous, M. Léon Say, qui, depuis 1870, jouez un rôle prépondérant dans l'administration de nos finances publiques.

Je ne suis pas, comme vous, optimiste, et je

crois qn'en effet nos budgets ont atteint un chiffre anormal. Mais, qui donc, M. Léon Say, a présenté le plus gros budget connu ? Et si, quand vous n'êtes plus au pouvoir, vous signalez avec tant de virulence les abus qu'entraîne l'immixtion des députés dans l'administration des finances, qu'avez-vous fait pour remédier à ces abus quand vous étiez au pouvoir ?

Et que vaut-elle la panacée universelle que vous nous proposiez pour nous sauver de la ruine ? Que vaut ce troisième réseau que vous proposez de vendre aux grandes Compagnies ?

M. de Freycinet peut, à juste titre, se retrancher derrière son inexpérience ; mais vous, M. Léon Say, administrateur de la Compagnie du Nord depuis l'origine, vous qui êtes incontestablement un grand financier, vous savez fort bien que le troisième réseau, tel que vous l'avez constitué, d'accord avec M. de Freycinet, ne peut être exploité que par les grandes Compagnies, vous savez que vous nous avez mis à leur merci, et que c'est à peine si elles consentiront à l'exploiter moyennant l'abandon de tous les produits.

Ce que vous nous proposez de vendre n'a donc absolument aujourd'hui aucune valeur, et si on entre dans vos idées, c'est six milliards en capital, 300 millions d'intérêt annuel qu'il faudra définitivement porter au budget pour le réseau Freycinet.

Nous l'avons bien vu quand il s'est agi d'appliquer votre système à la Compagnie d'Orléans. En confiant à cette Compagnie les meilleurs lignes du troisième réseau comprises dans la région, M. Varroy proposait de lui accorder des avantages qui équivalaient à un cadeau d'un milliard. Si c'est ainsi qu'on veut sauver les finances de la République, Dieu nous garde de pareils sauveurs !

En constituant le troisième réseau de telle sorte qu'il ne put être exploité que par les grandes Compagnies, MM. Léon Say et de Freycinet ont voulu nous faire jouer la carte forcée. Le Parlement se résignera-t-il à passer sous les fourches caudines qu'ils ont préparées, en consolidant le monopole des grandes Compagnies ?

Je suis adversaire déclaré du rachat, qui serait une opération ruineuse ; mais j'aimerais mieux encore en passer par là, perdre les deux milliards que les Compagnies recevraient en trop, que de perdre six milliards en mettant l'industrie du pays à la merci de la Haute-Banque.

Mais j'espère qu'on n'en arrivera pas là et qu'on acceptera l'idée de compléter le troisième réseau de manière à le rendre rénumérateur en y ajoutant 3000 kilomètres de grandes artères.

Il est cependant un point sur lequel je suis absolument d'accord avec M. Léon Say, c'est qu'on ne peut pas continuer plus longtemps à engloutir les millions dans le troisième réseau sans savoir ce qu'on en fera. Deux commissions sont chargées de résoudre la question du régime des chemins de fer, une commission parlementaire et une commission extra-parlementaire. Dans un mois ou deux au plus tard M. le Ministre des travaux publics devra prendre un parti.

Quoi qu'il arrive, il faut, avant tout, tenir les promesses faites aux populations ; il faut, non seulement continuer l'exécution du plan Freycinet, mais le compléter et l'étendre en le rendant moins ruineux. Je ne dirai pas qu'il y va du salut de la République ; la République est heureusement hors de cause. Mais il est certain qu'un temps d'arrêt dans les travaux amènerait un ralentissement dans le mouvement irrésistible qui porte vers la République les populations jusqu'ici les plus rebelles.

LESGUILLIER.

TABLE DES MATIÈRES

1001 11.82 — Ch.-Thierry. — Imp. de l'*Écho républicain de l'Aisne*.